W0217428

Die Sushi Bibel

Japanische Leckerbissen zum selber rollen inkl. Maki, Nigri, Inside-Outs uvm.

2. Auflage

ISBN-13: 9781729368060

Inhaltsverzeichnis

Einleitung

Wie bei so vielen Ernährungsthemen scheiden sich auch bei Sushi die Geister. Manche lieben es, andere verabscheuen Meeresfrüchte und Fisch. Die einen würden dafür töten, die anderen kennen scheinbar nur Fertigsushi aus der Vakuumverpackung. Nachdem Sie dieses Buch geöffnet haben, zählen Sie mit hoher Wahrscheinlichkeit zur ersten Gruppe. Oder wurde Ihnen dieses Sushi Kochbuch zu Weihnachten geschenkt, damit Sie künftig auf den Geschmack kommen?

In beiden Fällen hat dieses Kochbuch etwas für Sie zu bieten. Sie werden in die Gourmet Welt der japanischen Küche eingeführt, wo Sushi nichts mit billigem Fisch und Fast Food zu tun hat. Hier geht es um ein unvergleichbares Nationalgericht, welches einem Koch fünfzehn Jahre seines Lebens abverlangt, um sich zu den besten zählen zu können. Gutes Sushi bewirkt Respekt für jenen, der die Rollen kreiert hat. Happen für Happen wird mit Genuss verdrückt, während man stets darauf achtet, nur den Fisch und nicht den Reis in Sojasoße zu tauchen. Denn dies wäre eine Unverschämtheit in Japan. Das Sushi, das Sie in diesem Buch kennenlernen, möchten Sie nicht in Sojasoße ertränken. Dafür ist es jedem zu schade, der sich auf das besondere Geschmackserlebnis einlässt.

Sie finden neben einigen Grundrezepten eine Vielzahl an Variationen, die Ihnen helfen sollen, die Vielfalt des Trendfoods zu erleben. Außerdem finden sich einige

Rezepte für Beilagen zu den selbst gemachten Rollen. Um die Portionen besser abschätzen zu können, merken Sie sich dass sechs Nigiri oder Gunkan Rollen und zwei Maki Rollen, aus denen sich insgesamt etwas 16 Stück ergeben, eine Portion für eine Hauptspeise ergibt, die nur aus Sushi besteht. Möchten Sie die Sushi Rollen mit anderen Speisen kombinieren, reicht die Hälfte völlig aus. In den Rezepten wird allerdings bei den Portionsangaben von ganzen Portionen ausgegangen. Reichen Sie also eine Suppe, einen Salat oder im Anschluss ein Dessert dazu, können die Mengenangaben halbiert werden.

Folgen Sie der japanischen Esskultur, wo in der Mitte des Tisches eine Drehscheibe mit allem Möglichen beladen wird und jeder sich auf den Teller lädt, was ihm zusagt. Die Kultur in Running-Sushi Restaurants ist eine ähnliche. Stecken Sie also bei der eigenen Sushi Produktion mehr Herzblut in die Herstellung des Sushis an sich, anstatt sich Gedanken über das Anrichten der Mahlzeit am Teller zu machen. Denn dafür ist beim gemeinsamen Sushi Essen jeder einzelne selbst verantwortlich. Für einen Gastgeber bedeutet dies eine enorme Erleichterung, da er nach der Vorbereitung seinen Gästen die Selbstbedienung erlauben kann und nicht unaufhaltsam mit Servieren beschäftigt ist.

Dazu benötigt der einzelne Gast ein kleines Schälchen mit Sojasoße. Die bereitgestellte Wasabi-Paste mischt man sich nach eigenem Ermessen in seine Soße. Wer möchte, kann außerdem Gari – eingelegten, japanischen Ingwer – anbieten, den die Gäste zwischendurch essen können, um die Geschmacksknospen vor dem nächsten Happen zu neutralisieren. Getrunken wird zum Sushi entweder Grüntee, Sake oder japanisches Bier. Der Tee sollte dabei mit auf 60° bis 80° erwärmten Wasser aufgegossen werden und höchstens fünf Minuten ziehen. Sake, der japanische Reiswein, wird im Wasserbad erwärmt und das Bier sollte möglichst kalt serviert werden.

Basiszutaten

Bevor Sie sich daran machen Ihr Sushi selbst herzustellen, sollten Sie sich mit den Grundzutaten für gutes Sushi auseinandersetzen. Folgend sind die wichtigsten Zutaten beschrieben. Achten Sie darauf diese Bestandteile im Haus zu haben, wenn Sie planen Ihr eigenes Sushi herzustellen.

Sushi Reis

Echter Sushi Reis zeichnet sich durch seine klebrige Konsistenz, sowie die feste Körnung aus. Er bietet durch seine feste Konsistenz die Grundlage für die Rollen. Sollte Ihnen dieser spezielle Reis fehlen, können Sie ihn durch Risotto Reis ersetzen. Versuchen Sie es jedoch keinesfalls mit Langkornreis, Basmati oder anderem Reis.

Kombu

Kombu ist eine Meeresalge, die in der japanischen Küche gerne zum Würzen von Suppen, Brühen, Fisch oder Sushi Reis verwendet wird. Er ist in getrocknetem Zustand erhältlich und nimmt eingelegt in Wasser eine ledrig wirkende Konsistenz an.

Wasabi

Wasabi ist eine Art japanischen Meerrettichs. Sein häufiger Einsatz bei Gerichten mit rohem Fisch oder Meeresfrüchten ist in seinen antibakteriellen Eigenschaften begründet. Die frische Wurzel ist in Europa nicht erhältlich. Stattdessen kann Wasabi in pulverisierter Form mit Wasser zu einer Paste verrührt oder als fertige Wasabi-Paste in der Tube gekauft werden.

Gari Shoga – eingelegter Ingwer

Gari Shoga ist in diversen Asia Läden erhältlich. Es handelt sich um hauchdünne, eingelegte Ingwerscheiben, die Sie zu jedem Sushi-Gericht servieren sollten. Zwischen den unterschiedlichen Rollen werden immer wieder einige Scheiben Ingwer zum Neutralisieren des Mundes gegessen. Falls Sie den Ingwer in einem Plastikbeutel kaufen und nicht auf einmal aufessen können, sollten Sie Ihn samt Marinade in ein sauberes Schraubglas füllen und im Kühlschrank lagern, wo er sich bis zu einigen Wochen lang hält.

Noriblätter

Noriblätter bestehen aus einer Alge, die gepresst und in Form gebracht wurde. Sie wird zum Einrollen von Maki, Gunkan und Temaki verwendet. Achten Sie beim Kauf der Blätter darauf, ob sie geröstet sind. Ungeröstete Noriblätter schmecken milder, während geröstete Blätter aromatischer sind und stärker duften. Je nach Belieben können Sie die Noriblätter auch selbst in einer Teflon-Pfanne rösten. Sie erkennen den richtigen Röstgrad am ausströmenden Duft. Schneiden Sie die Blätter für Ihre Rollen mit einer Schere in die richtige Größe.

Su – Reisessig

Reisessig ist ein aus Reis fermentierter Essig, der gemeinsam mit Zucker und Salz zum Säuern von Sushi Reis verwendet werden kann. Außerdem eignet sich Reisessig als Hilfestellung bei der Verarbeitung von klebrigem Sushi Reis. Mit Wasser verdünnt, ergibt sich eine Flüssigkeit, mit der die Hände bei der Verarbeitung des Reises befeuchtet und scharfe Messer, mit denen die Rollen schlussendlich in finale Stücke geteilt werden, zwischendurch feucht abgewischt werden können. Für das Flüssigkeitsgemenge nehme man 2 EL Reisessig auf einen halben Liter Wasser.

Shoyu - Sojasoße

Shoyu ist japanische Sojasoße, die milder als das chinesische Pendant schmeckt und sich wunderbar zum Eintauchen von Sushi eignet. Genauso wie die chinesische Sojasoße wird sie aus Sojabohnen und Weizen gebraut. Sollte Ihnen Shoyu für Ihr Sushi zu intensiv sein, können Sie stattdessen zu heller Sojasoße greifen.

Reis kochen

Die wichtigste Grundzutat für Ihr selbst gemachtes Sushi ist zweifelsohne der Sushi Reis. Er sollte die Rolle gut zusammenhalten und dabei nicht matschig sein. Mit der folgenden Erklärung gelingt der Mittelweg zum perfekten Sushi Reis bestimmt.

Dauer: 60 Minuten |
Menge: Portion für eine Person

Zutaten:

200 g Sushi Reis
50 ml Reisessig
1 TL Zucker
1 TL Salz

Zubereitung:

1 Reis in einem Topf waschen. Dazu immer wieder Wasser in den Topf füllen, den Reis mit den Händen waschen, abgießen und erneut auffüllen. Der Vorgang wird fünf bis sieben Mal wiederholt, bis das Wasser klar erscheint. Dieses ebenfalls abgießen.

2 200 ml frisches Wasser in den Topf mit dem Reis füllen und eine halbe Stunde einweichen lassen.

3 Nach Ablauf der Einweichzeit den Reis auf starker Hitze am Herd erwärmen. Im besten Fall verwendet man einen Glasdeckel, um den Reis gut beobachten zu können.

4 Sobald das Wasser zu brühen beginnt, die Hitze reduzieren und 15 Minuten auf kleiner Flamme garen. Topf vom Herd nehmen und für weitere 10 Minuten ziehen lassen.

5 Danach den Reis in eine Auflaufform oder Hangiri (japanische Holzschüssel) füllen und möglichst breit verteilen, damit er schnell auskühlt. Eventuell

angebrannter Reis darf nicht verwendet werden.

6 Reisessig mit Zucker und Salz vermengen und über dem Reis verteilen. Mit einem Holzlöffel den Reis durch vorsichtige schneidende Bewegungen verteilen, damit er den Sushi Essig gut aufnehmen kann. Weiter auskühlen lassen.

7 Sushi Reis entweder sofort zu Sushirollen verarbeiten oder mit einem feuchten Tuch bedecken. Auf diese Weise haben Sie noch bis zu drei Stunden Zeit, bis der Reis spätestens verarbeitet werden sollte. Später ist er zu ausgetrocknet und hält nicht mehr so gut zusammen.

Ausstattung zum Sushi machen

Um Ihr eigenes Sushi herzustellen, benötigen Sie einige Utensilien, die in einem durchschnittlichen, europäischen Haushalt nicht unbedingt zu finden sind. Einer dieser Gegenstände ist beispielsweise eine **Bambusmatte**. Wer eine dieser Matten zu Hause hat, verwendete sie möglicherweise bisher als Tischset, als was sie in unseren Breitengraden häufig verkauft werden. Ursprünglich hatte dieser Haushaltsgegenstand in Japan allerdings den Sinn als optimale Hilfestellung zu fungieren, um das eigene Sushi einrollen zu können. Um die Bambusmatte dabei zu schonen und die Beweglichkeit dauerhaft zu gewährleisten, wird die Matte dabei in einen Gefrierbeutel mit einem Fassungsvermögen von drei Litern gesteckt. Auf diese Weise bleibt das Sushi nicht an der Bambusmatte kleben und diese frei von Verunreinigungen.

Bevor Sie sich allerdings dem Einrollen des Sushis widmen, muss erst der Reis gekocht werden. Wie in der Beschreibung im vorigen Kapitel bereits erwähnt, sind flache, japanische Holzschalen zu diesem Zweck erhältlich, die **Hangiri**. Das Holz sorgt automatisch für die passende Konsistenz, da überschüssige Feuchtigkeit aufgenommen und später langsam wieder abgegeben wird. Natürlich kann der Sushi Reis auch in anderen Gefäßen abkühlen, die Hangiri sorgt allerdings für eine höhere Qualität in Konsistenz und Verarbeitung. Dazu passend ist der **Shamoji**, ein japanischer Holzlöffel, der dem Verteilen von Reis im Hangiri dient. Mit ihm werden die typischen, schneidenden Bewegungen beim Würzen des Sushi Reises durchgeführt.

Grundrezepte

Es existieren unterschiedlichste Sushi Variationen: mit Seetang, ohne Seetang, in Rollen, Tüten oder Scheiben. Um einen grundsätzlichen Überblick zu bekommen und sofort mit unkomplizierten Varianten starten zu können, erhalten Sie folgend vier Grundrezepte von vier grundsätzlich verschiedenen Sushi-Arten. Sie werden sehen, wie unterschiedlich die optische Aufmachung ist, wobei stets die typischen Sushi-Zutaten zum Einsatz kommen. Bedenken Sie speziell bei diesen vier Rezepten, dass die Angaben zur Füllung eine von vielen Möglichkeiten sind. Wenn Sie das Kochbuch weiter durchblättern, werden Sie einige weitere Möglichkeiten an Zutatenkombinationen und Füllungen kennenlernen. Dabei sind die Rezepte prinzipiell als Anregung gedacht und dafür, ein Gefühl für die neue Materie der Sushi-Herstellung zu bekommen. Sobald Sie sich etwas eingearbeitet haben und die Technik des Einrollens gut beherrschen, steht Ihrer eigenen Kreativität nichts mehr im Weg und Sie können Ihre eigenen Sushi-Kreationen herstellen. Nun aber zuerst zu den vier Grundrezepten als Grundstein Ihrer Karriere als Sushi-Koch:

Nigiri

Dauer: 35 Minuten |

Menge: 4 Portionen = 12 Stück

Zutaten:

100 g Sushi Reis
150 g Lachsfilet
1 TL Wasabi
1 EL Lachskaviar

Zubereitung:

1 Reis zubereiten und mit einem feuchten Tuch zudecken.

2 Lachsfilets in 12 gleich große Stücke schneiden.

3 Reis mit befeuchteten Händen in zwölf etwa esslöffelgroße Portionen teilen und zu Rollen formen.

4 Lachs auf der einen Seite dünn mit Wasabi bestreichen und anschließend mit der bestrichenen Seite auf den Reis legen.

5 Nigiri mit Lachskaviar garnieren.

Hosa-Maki

Dauer: 40 Minuten |
Menge: 4 Rollen = 24 Stück

Zutaten:

150 g Sushi Reis
2 Noriblätter
Wasabi
½ Avocado oder ¼ Gurke

Zubereitung:

1 Sushi Reis zubereiten. Noriblätter halbieren und mit Reis belegen. An der einen Längsseite zwei Zentimeter frei lassen, damit die Rolle später gut schließbar bleibt. Die ersten Male eher zu wenig als zu viel Reis verwenden, bis die Rolltechnik in Fleisch und Blut übergegangen ist.

2 Nach eigenem Geschmack und Ermessen etwas Wasabi auf dem Reis verteilen. Avocado oder Gurke schälen, entkernen und in lange Streifen schneiden. Die Streifen anschließend mittig und der Länge nach auf den Reis betten.

3 Mithilfe einer darunter liegenden Bambusmatte das Hosa-Maki einrollen. Dazu die Füllung festhalten und an der gegenüberliegenden Seite des freien Bereiches das Noriblatt mit dem Sushireis darüber klappen und anschließend fertig einrollen. Eingerolltes Sushi mit Druck auf die Bambusmatte fixieren und aus der Matte herausnehmen. Zwei Minuten ruhen lassen. In dieser Zeit verschließt sich das Hosa-Maki.

4 Die Rollen jeweils mit eincm geschärften und befeuchteten Messer in sechs gleich große Stücke schneiden.

Gunkan

Dauer: 30 Minuten |
Menge: 20 Stück

Zutaten:

400 g Sushi Reis
1 Avocado
1 Passionsfrucht
7-Gewürze-Mischung (Rezept unter Easy Rollen)
1 EL Kokosöl
3 EL Semmelbrösel
2 Noriblätter
Essig
50 g Forellenkaviar

Zubereitung:

1 Sushi Reis zubereiten. Avocado halbieren, entsteinen und das Fruchtfleisch aus der Schale lösen.

2 Passionsfrucht halbieren, Fruchtfleisch ebenfalls aus der Schale lösen und mit der Avocado zusammen zu einem Brei zerdrücken. Diesen mit einer Prise der Gewürzmischung verfeinern.

3 Kokosöl erwärmen und Semmelbrösel darin goldbraun rösten. Noriblatt in zwanzig Streifen schneiden.

4 Essig mit Wasser verdünnen und Hände damit befeuchten. Aus dem Sushi Reis zwanzig Bälle formen. Diese jeweils mit einem Noristreifen umwickeln.

5 Reisbälle flach drücken, sodass sie den Zylinder an der Unterseite ausfüllen. Anschließend das Avocado Tatar als Füllung in jedes Gunkan-Maki geben und mit Semmelbrösel sowie Kaviar garnieren. Die Füllung häuft sich über den Rand des Noriblattes hinaus.

Temaki

Dauer: 35 Minuten |
Menge: 4 Stück

Zutaten:

75 g Sushi Reis
2 Noriblätter
4 Avocadospalten
4 Gurkenspalten
4 Lachsfilets

Zubereitung:

1. Sushi Reis zubereiten. Noriblätter halbieren und mit befeuchteten Händen zur Hälfte mit Reis belegen. Legen Sie das Noriblatt so, dass Sie den Reis auf der linken Seite haben und rechts das leere Noriblatt zu sehen ist.
2. Lachsfilets in Streifen schneiden. Auf jedes halbierte Noriblatt die Streifen von einem Filet, eine Avocadospalte und eine Gurkenspalte legen. Genau genommen wird die Füllung im 45° Winkel geneigt und zur linken oberen Ecke ausgerichtet, mittig auf den Reis gelegt.
3. Die Füllung sollte die linke, obere Ecke jedenfalls berühren und darf leicht überstehen. Temaki wird zu einer Tüte gerollt. Dazu an der linken, unteren Ecke beginnen und nach oben hin einrollen.
4. Der freie Teil des Noriblattes liegt außen und wird etwas befeuchtet, damit er den nötigen Halt bieten kann.

XXL Rollen

California Roll

Dauer: 40 Minuten |
Menge: 1 Rolle = 8 Stück

Zutaten:

50 g Sushi Reis
½ Noriblatt
Sesam
Masago
1 Lachsfilet
Avocado
Gurke

Zubereitung:

1. Sushi Reis zubereiten. Halbes Noriblatt auf die Bambusunterlage legen und gänzlich mit Reis belegen. Mit Sesam und Masago bestreuen.
2. Noriblatt mit Reis wenden und mittig die Füllung verteilen. Dazu Lachsfilet fest einrollen, Avocado schälen und zwei Avocadospalten herunterschneiden. Gurke waschen, zwei Gurkenscheiben abschneiden und halbieren. Avocadospalten auf der einen und halbe Gurkenscheiben auf der anderen Seite der Lachsrolle platzieren.
3. Zum Einrollen Bambusmatte anheben und gleichzeitig die Füllung festhalten. Nori und Reis umklappen und auf die Füllung drücken. Anschließend fertig einrollen.
4. California Roll mit einem befeuchteten Messer in acht Stücke schneiden. Sollte der Reis abbröckeln, eine Frischhaltefolie dazwischen legen.

Ura-Maki mit Thunfisch und Frischkäse

Dauer: 90 Minuten |
Menge: 1 Rolle = 8 Stück

Zutaten:

50 g Sushi Reis
1 Noriblatt
Sesam
Frischkäse
Paprika
Gurke
Kürbis
Thunfisch

Zubereitung:

1 Sushi Reis zubereiten. Noriblatt auf die Bambusmatte legen und Reis darauf verteilen. Sesam dicht auf den Reis streuen.

2 Nori und Reis wenden und das untere Drittel des Noriblattes mit Frischkäse bestreichen.

3 Paprika und Gurke waschen und den Kürbis schälen. Alles drei in Streifen schneiden. Thunfisch ebenfalls in Streifen schneiden. Mittig auf die Frischkäseschicht zurechtlegen. Der Thunfisch kommt in die Mitte, der Kürbis auf die äußere Randseite und zur Mitte hin werden Gurke und Paprikastreifen platziert.

4 Ura Maki einrollen und in acht Stücke schneiden.

Alaska Roll

Dauer: 45 Minuten |
Menge: 4 Rollen = 24 Stück

Zutaten:

150 g Sushi Reis
½ Avocado
½ Zitrone
150 g Räucherlachs
3 EL ungerösteten Sesam
2 Noriblätter
2 EL Mayonnaise
Wasabi

Zubereitung:

1 Sushi Reis zubereiten. Avocado schäle und in Streifen schneiden und mit Zitronensaft beträufeln.

2 Räucherlachs in Streifen schneiden und Sesam bei geringer Hitze in einer Pfanne ohne Fett rösten.

3 Noriblätter halbieren und mit der rauen Seite nach oben auflegen. Reis darauf verteilen, während an den beiden Längsseiten je ein Zentimeter frei gelassen werden.

4 Sesam auf den Reis streuen und das Noriblatt wenden. Auf das untere Drittel des Blattes Mayonnaise streichen. Lachs darauflegen und mit Wasabi bestreichen. Avocado beifügen und das Ura-Maki einrollen. Jede Rolle in sechs Stücke schneiden.

Klassisches Riesen-Sushi

Dauer: 15 Minuten |
Menge: 1 Portion |
1 Rolle = 8 Stück

Zutaten:

100 g Sushi Reis
1 Lachssteak
1 Möhre
1 Noriblatt
2 EL Sojasoße
¼ Gurke
Ingwer
1 Knoblauchzehe
3 EL Sesamöl

Zubereitung:

1 Sushi Reis zubereiten. Ingwer schälen und reiben. Knoblauchzehe schälen und auspressen. Anschließend beides mit Sesamöl und Sojasoße zu einer Marinade verrühren. Lachs damit übergießen und etwas einziehen lassen.

2 Möhre und Gurke schälen und in Stifte schneiden. Gurke dabei entkernen. Etwas Wasser in einen Topf füllen und aufkochen.

3 Lachs mit einem Siebeinsatz über den Reis stellen und dämpfen.

4 Sobald das separate Wasser zu kochen beginnt, Möhre darin blanchieren. Danach abseihen und sofort kalt abschrecken.

5 Sushi Reis auf dem Noriblatt verteilen. Möhre, Gurke und Lachstreifen darauf legen und fest einrollen.

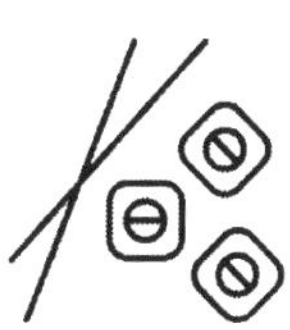

Shrimps Sushi

Dauer: 15 Minuten |
Menge: 1 Portion |
1 Rolle = 8 Stück

Zutaten:

100 g Sushi Reis
200 g Shrimps
1 Möhre
2 Frühlingszwiebeln
1 Noriblatt
2 EL Sojasoße
3 EL Sesam
¼ Gurke
Ingwer
1 Knoblauchzehe

Zubereitung:

1. Sushi Reis zubereiten und Marinade für die Shrimps in gleicher Weise wie im vorangegangenen Rezept bereiten
2. Wasser aufkochen und unterdessen Möhre und Gurke schälen sowie entsprechend zerkleinern.
3. Frühlingszwiebeln in Ringe schneiden. Shrimps über dem Reis dämpfen und Möhre sowie Frühlingszwiebeln blanchieren. Das Gemüse danach kalt abschrecken.
4. Abgekühlten Sushi Reis auf dem Noriblatt auflegen und mit Möhre, Gurke, Frühlingszwiebelringen sowie Shrimps befüllen. Noriblatt einrollen.
5. Sesam ohne Fett vorsichtig in einer Teflon Pfanne anrösten und Sushirolle darin wälzen.

Kaviar Sushi

Dauer: 15 Minuten |
Menge: 1 Portion |
1 Rolle = 8 Stück

Zutaten:

100 g Sushi Reis
100 g Kaviar
1 Möhre
1 Noriblatt
¼ Gurke

Zubereitung:

1 Sushi Reis wie gehabt zubereiten.

2 Möhre und Gurke schälen. Gurke entkernen und beides in Streifen schneiden.

3 Noriblatt mit Reis belegen und Gemüse sowie Kaviar in einem Streifen mittig auflegen.

4 Maki Rolle einrollen und in acht Teile schneiden.

Spargel Ura-Maki

Dauer: 75 Minuten |

Menge: 6 Portionen = 4 Rollen = 24 Stück

Zutaten:

400 g Sushi Reis | Salz
50 ml Reisessig
1 TL Zucker
5 EL Pflaumenwein
300 g Thunfischfilets
10 grüne Spargelstangen
4 weiße Spargelstangen
2 Noriblätter | Lachskaviar

Zubereitung:

1	Reis nach Anleitung in der Einleitung zubereiten. Reisessig, Zucker, eine Prise Salz und Pflaumenwein miteinander vermischen und unter den Reis rühren, der in einer flachen Holzschale abkühlt.
2	Wasser in einen Topf füllen und aufkochen. Thunfischfilets waschen und einfrieren.
3	Spargel für sechs Minuten kochen. Noriblätter halbieren und Reis darauf verteilen. Es muss kein Rand frei gelassen werden. Noriblatt wenden, sodass der Reis auf der Unterseite liegt
4	Spargel abseihen und kalt abschrecken. Thunfischfilets aus dem Tiefkühler nehmen und in dünne Streifen schneiden.
5	Grünen Spargel halbieren. Jedes halbe Noriblatt mit einer weißen, fünf halben grünen Spargelstangen und einem Viertel des Thunfisches belegen.
6	Fest einrollen und jedes Ura-Maki in Kaviar wälzen. Jede Rolle in sechs Teile schneiden.

Lachs-Sushi mit Blattspinat

Dauer: 35 Minuten |
Menge: 3 Rollen = 24 Stück

Zutaten:

---

280 g Sushi Reis
200 g Blattspinat
3 TL Kokosöl
Salz und Pfeffer
200 g Räucherlachs
3 Noriblätter
Wasabi
100 g Sesam

Zubereitung:

---

1 Sushi Reis zubereiten. Spinat waschen. Kokosöl erwärmen und Spinat für wenige Minuten darin dünsten, salzen und pfeffern.

2 Räucherlachs in Streifen schneiden. Noriblatt zu 75 % mit Reis bedecken. Das obere Viertel frei lassen.

3 Noriblattwenden und erneut eine dünne Schicht Sushi Reis darauf verteilen.

4 Reis mit Spinat belegen und darauf einen Streifen mit Räucherlachs auslegen.

5 Lachs mit Wasabi bestreichen. Ura-Maki so einrollen, dass das freie Noriblatt innen in der Rolle ist.

6 Mit den anderen beiden Noriblättern und den restlichen Zutaten ebenso verfahren.

7 Fertige Rollen in Sesam wälzen und jeweils in acht Stücke teilen

Schnelles Sushi

Thunfisch Maki

Dauer: 15 Minuten |

Menge: 4 Portionen |

8 Rollen = 32 Stück

Zutaten:

---

4 EL Reisessig
100 g Gurke
200 g Thunfisch
4 Noriblätter
400 g fertiger Sushi Reis
1 TL Wasabi

Zubereitung:

---

1 Reisessig mit einem EL Wasser verrühren. Gurke entkernen und in dünne Stifte schneiden. Thunfisch ebenfalls in dünne Streifen schneiden.

2 Noriblätter in die Hälfte schneiden. Sushi Reis portionieren.

3 Hände mit dem Essigwasser befeuchten und jede Portion Sushi Reis auf ein halbes Noriblatt verteilen und andrücken.

4 An der unteren Längsseite einen schmalen Streifen Wasabi auf den Reis auftragen. Anschließend Thunfisch und Gurke am Reis anordnen und einrollen.

5 Jede Rolle in sechs Stücke schneiden.

Garnelen-Nigiri

Dauer: 15 Minuten |
Menge: 12 Stück

Zutaten:

250 g Sushi Reis
Salz
12 Riesengarnelen
Reisessig
2 TL Wasabi

Zubereitung:

1 Sushi Reis zubereiten und würzen. Salzwasser aufsetzen. Garnelen waschen und von vorne nach hinten aufspießen, sodass sie sich während des Kochvorgangs nicht krümmen können. Sobald das Wasser kocht, werden die Garnelen darin für zwei Minuten glasig gegart. Dann abseihen und kalt abschrecken.

2 Garnelen durch ziehende Drehbewegungen von den Holzspießen befreien und schälen. Mit einem spitzen Messer am Bauch der Länge nach aufschneiden und behutsam den Darm entfernen. Anschließend die Garnelen aufklappen und auskühlen lassen.

3 Etwas Reisessig mit Wasser verdünnen und die Hände darin befeuchten. Sushi Reis in zwölf Portionen teilen und zuerst zu Bällen formen, die anschließend in die Länge gezogen werden. Mit wenig Wasabi bestreichen und mit den Garnelen belegen.

Nigiri mit Hamachi

Dauer: 16 Minuten |
Menge: 12 Stück

Zutaten:

450 g Hamachifilet
250 g Sushi Reis
3 TL Wasabi
Reisessig

Zubereitung:

1 Sushi Reis zubereiten. Filet in acht Zentimeter breite Streifen schneiden. Diese alle vier Zentimeter durchtrennen.

2 Reis in zwölf Portionen teilen und zu Nigiri formen. Jedes Nigiri mit einer erbsengroßen Menge Wasabi bestreichen und mit einem Stück Fischfilet belegen.

Räucheraal-Nigiri

Dauer: 30 Minuten |
Menge: 8 Stück

Zutaten:

125 g Sushi Reis
Kombu
1 Lauch
Salz
150 g Räucheraal
Reisessig

Zubereitung:

1 Reis, wie in der Einleitung beschrieben, zubereiten. Kombu wird mit dem Reis in den Kochtopf gegeben und beim Abkühlen wieder herausgenommen. Wie gewohnt würzen.

2 Zwei Blattschichten des Lauchs herunternehmen, vierteln und waschen. Anschließend eine halbe Minute lang in Salzwasser blanchieren und kalt abschrecken.

3 Aalfilet in acht Stücke schneiden. Reisessig mit Wasser verdünnen und Hände damit benetzen. Sushi Reis in acht Portionen teilen und längliche Klöße daraus formen. Mit Aal belegen und den Lauchstreifen umwickeln.

Calamari-Nigiri mit selbst gemachtem Gomasio

Dauer: 15 Minuten |
Menge: 12 Stück

Zutaten:

250 g Sushi Reis
6 Calamari
Reisessig
2 TL Wasabi
1 Frühlingszwiebel
1 EL Salz
16 EL Sesam
1 Limette

Zubereitung:

1 Sushi Reis zubereiten. Salzwasser aufkochen. Kalmare waschen und Fangarme abtrennen. Häuten und Tuben öffnen, sodass ein flaches Stück Tintenfischfleisch entsteht. Noch einmal abspülen, um den Schleim zu beseitigen. Kalmare in zwölf Stücke teilen, die jeweils eine Länge von sieben und eine Breite von drei Zentimetern aufweisen.

2 Calamari-Stücke mit einem scharfen Messer in beiden Diagonalen einritzen, sodass Rauten entstehen. Dabei darauf achten, dass die Stücke nicht durchtrennt werden. Fünf Minuten lang im Salzwasser kochen. Anschließend herausnehmen und abtropfen sowie auskühlen lassen.

3 Reisessig mit Wasser verdünnen. Hände mit der Lösung benetzen und aus dem Reis zwölf gleich große, längliche Klöße formen.

4 Auf jedem Calamari-Stück an der nicht eingeritzten Seite eine erbsengroße Menge Wasabi verstreichen und das Calamari-Fleisch mit der bestrichenen Seite zu unterst auf die Nigiri-Klöße legen. Leicht andrücken.

5 Frühlingszwiebel waschen und hacken. Salz ohne Fett anrösten, wobei es nicht anbrennen soll. Sesam ebenfalls vorsichtig anrösten. Beide Gewürze miteinander im Mörser verreiben. Einen TL des auf diese Weise entstandenen Gomasios mit den gehackter Frühlingszwiebel vermengen und die Calamari-Nigiri damit bestreuen. Limette waschen, in möglichst dünne Scheiben teilen und zum Nigiri reichen

Roastbeef-Nigiri mit Remouladensoße

Dauer: 30 Minuten |
Menge: 8 Stück

Zutaten:

125 g Sushi Reis
8 Roastbeefscheiben
4 Petersilienzweige
3 Champignons
½ Zitrone
2 Gewürzgurken
Essigwasser
200 g Mayonnaise
1 TL Dijon-Senf
Salz und Pfeffer
1 Messerspitze Paprikapulver

Zubereitung:

1 Sushi Reis zubereiten. Roastbeef in acht gleich große, rechteckige Stücke schneiden.

2 Petersilie und Champignons waschen. Zitrone auspressen. Stiele der Champignons herausbrechen und Pilzköpfe in hauchdünne Scheiben schneiden. Mit Zitronensaft beträufeln.

3 Gewürzgurken hacken. Blätter von drei Petersilienzweigen abzupfen und ebenfalls hacken. Mayonnaise mit Senf glatt rühren, Kräuter und Gewürzgurken beifügen und die Remouladensoße mit Salz, Pfeffer, Paprikapulver und etwas Zitronensaft würzen.

4 Roastbeef einseitig mit ein wenig Remouladensoße bestreichen. Hände mit Essigwasser anfeuchten und aus dem Reis acht längliche Klöße formen.

5 Jeden Kloß mit einer Scheibe Roastbeef belegen. Restliche Petersilienblätter abzupfen und Nigiri mit Petersilie und Champignons garnieren.

Nigiri mit Tamago

Dauer: 30 Minuten |
Menge: 12 Stück

Zutaten:

250 g Sushi Reis
6 Eier
2 EL Reiswein
1 EL Sojasoße
Salz
1 TL Stärke
2 EL Kokosöl
1 Noriblatt
Reisessig

Zubereitung:

1 Sushi Reis zubereiten. Eier in eine Schüssel schlagen und mit Reiswein, Sojasoße, Salz und Stärke verquirlen.

2 Kokosöl in einer kleinen Pfanne erhitzen und ein Viertel der Eiermasse darin stocken lassen. Nach 2 Minuten zwei Mal ein Drittel des Teiges umklappen, erneut etwas Kokosöl schmelzen und das nächste Viertel der Masse in die Pfanne laufen lassen. Nach zwei Minuten, wenn der neue Teig ebenfalls gestockt ist, wieder zweifach umklappen. Diesen Vorgang noch zwei weitere Male wiederholen, bis ein massiver Omelett Ziegel entsteht. Dieses aus der Pfanne stürzen und abkühlen lassen.

3 Noriblatt in zwölf Streifen zerteilen. Die Omelett Rolle in zwölf Teile schneiden.

4 Reisessig mit etwas Wasser verdünnen und Hände mit der Lösung befeuchten. Sushi Reis in Zwölf teilen und längliche Klöße formen, welche mit den Omelettstreifen belegt werden. Nigiris jeweils mit einem Noristreifen umwickeln und kurz andrücken.

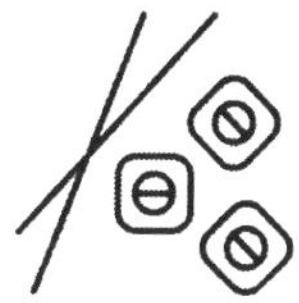

Vegetarisches Nigiri mit Roter Bete

Dauer: 30 Minuten |
Menge: 12 Stück

Zutaten:

250 g Sushi Reis
Salz
1 Rote Bete
3 Möhren
1 TL Sojasoße
1 TL Miso Paste
1 EL Reiswein
1 EL Reisessig
1 Noriblatt
2 EL Erdnüsse
Essigwasser
2 TL Wasabi

Zubereitung:

1 Sushi Reis zubereiten. Salzwasser aufkochen. Rote Bete schälen und auf sechs Seite so raspeln, dass ein Würfel entsteht und drei EL Raspeln anfallen. Diese werden unter den Sushi Reis gemischt. Restliche Rote Bete in hauchdünne Scheiben schneiden. Möhren schälen und der Länge nach in lange, dünne Scheiben schneiden. Rote Bete und Möhren zwei Minuten lang im Salzwasser kochen. Danach abseihen, abschrecken und Rote Bete in Sojasoße marinieren.

2 Miso Paste, Reiswein und Reisessig zu einer weiteren Marinade mischen und Möhren darin einlegen. Noriblatt in zwölf Streifen teilen. Erdnüsse hacken. Hände mit Essigwasser benetzen und Reis zu zwölf länglichen Klößen formen. Jedes Nigiri mit einer erbsengroßen Menge Wasabi bestreichen und mit einem Möhrenstreifen belegen. Darauf wird ein Streifen aus Roter Bete gelegt und die Möhre darüber geklappt. Befestigt wird das Ganze durch einen Noristreifen, der an den Enden angefeuchtet wurde. Mit Erdnüssen garnieren.

Easy Rollen

Räucherlachs Rollen mit Mozzarella

Dauer: 50 Minuten |

Menge: 1 Rolle = 6 Stück

Zutaten:

100 g Sushi Reis

1 Noriblatt

1 EL Sesam

1 TL Wasabi

½ Gurke

1 Frühlingszwiebel

50 g Räucherlachs

50 g Mozarella

Zubereitung:

1 Sushi Reis zubereiten.

2 Noriblatt mit Sushi Reis belegen und anschließend mit Sesam verzieren.

3 Noriblatt wenden und mit Wasabi bestreichen. Gurke waschen, halbieren, entkernen und in lange Streifen schneiden.

4 Frühlingszwiebel waschen, putzen und der Länge nach auf das Noriblatt legen. Gurkenstreifen beifügen.

5 Räucherlachs und Mozzarella in Streifen schneiden und dazu geben.

6 Ura-Maki einrollen und in sechs Stücke schneiden.

Temaki mit zweierlei Fisch

Dauer: 30 Minuten |
Menge: 4 Portionen = 4 Stück

Zutaten:

75 g Sushi Reis
1 Gurke
2 Möhren
200 g Lachs
200 g Thunfisch
Kresse
2 Noriblätter
2 EL Reisessig
250 ml Wasser
Wasabi

Zubereitung:

1 Reis zubereiten. Gurke und Möhren waschen. Gurke längs halbieren, entkernen und in Streifen schneiden.

2 Möhren schälen und in Stifte schneiden. Fische in Streifen schneiden. Kresse waschen.

3 Noriblätter halbieren. Essig und Wasser vermengen und Hände eintauchen.

4 Mit befeuchteten Händen Sushi Reis auf die vier Noristücke aufteilen und auf jeweils auf der linken Hälfte andrücken.

5 Sushi Reis hauchdünn mit Wasabi bestreichen. Jeweils 50 g Lachs- und Thunfischstreifen, Stifte einer halben Möhre und einer Viertel Gurke auf dem Reis platzieren. Kresse auf die vier Portionen aufteilen und über den Rand hinaus schauen lassen.

6 Temaki zu einer Tüte rollen.

Temaki mit Mango

Dauer: 30 Minuten |
Menge: 4 Portionen = 4 Stück

Zutaten:

60 g Sushi Reis
2 Noriblätter
80 g Räucherlachs
1 Mango
Wasabi

Zubereitung:

1. Sushi Reis nach Anleitung zubereiten. Mango halbieren, entsteinen, das Fruchtfleisch aus der Schale lösen und in Streifen schneiden.
2. Lachs ebenfalls in Streifen teilen. Noriblätter in zwei Hälften schneiden und mit der rauen Seite nach oben auflegen.
3. Sushi Reis in vier Portionen teilen und jeweils auf der linken Hälfte der Noriblätter auflegen und andrücken.
4. Etwas Wasabi am Reis verteilen. Jede Tüte mit einem Viertel von Mango und Lachs belegen. Einrollen und Naht befeuchten.

Heilbutt Temaki mit Frühlingszwiebeln

Dauer: 30 Minuten |
Menge: 4 Portionen = 4 Stück

Zutaten:

---

60 g Sushi Reis
2 Noriblätter
80 g geräucherter Heilbutt
2 Frühlingszwiebeln
Wasabi

Zubereitung:

---

1 Sushi Reis zubereiten und würzen, wie in der Einleitung beschrieben.

2 Heilbutt in Streifen schneiden. Frühlingszwiebeln waschen, putzen und einmal in Länge und Breite halbieren.

3 Noriblätter in zwei Hälften schneiden und mit der rauen Seite nach oben auflegen.

4 Sushi Reis vierteln und jeweils auf die linke Hälfte der Noriblätter drücken.

5 Anschließend dünn mit Wasabi bestreichen.

6 Geräucherten Heilbutt sowie Frühlingszwiebel auf die vier Portionen aufteilen, belegen und zu Tüten einrollen.

Temaki mit Omelett

Dauer: 45 Minuten |
Menge: 8 Stück

Zutaten:

120 g Sushi Reis
3 Eier
1 EL Sojasoße
1 TL Kokosöl
4 Frühlingszwiebeln
1 Handvoll Sojabohnensprossen
4 Noriblätter
100 ml Reisessig
Wasabi

Zubereitung:

1. Sushi Reis zubereiten. Eier aufschlagen und mit einem EL Sojasoße verquirlen.
2. Kokosöl in einem kleinen Topf schmelzen lassen, die Eiermasse hinein leeren und bei niedriger Hitze stocken lassen. Nach fünf Minuten aus dem Topf stürzen und abkühlen lassen.
3. Frühlingszwiebeln waschen, putzen und vierteln. Omelett und Frühlingszwiebeln in Streifen von fünf Zentimetern Länge schneiden.
4. Sprossen waschen und in einem Sieb abtropfen lassen. Noriblätter in die Hälfte schneiden.
5. Essig mit Wasser vermischen und einen Esslöffel in die Lösung tunken. Mit dem nassen Löffel den Sushi Reis auf die 8 Noristreifen legen und andrücken.

6 Eine dünne Schicht Wasabi auf den Reis streichen, gleichmäßig verteilt mit allen Zutaten belegen und nach Temaki-Weise einrollen.

Temaki mit Tofu

Dauer: 45 Minuten |
Menge: 8 Stück

Zutaten:

---

120 g Sushi Reis
½ Zitrone
1 Avocado
½ Gurke
150 g Tofu
1 EL Sojasoße
4 Noriblätter
100 ml Reisessig
Mayonnaise

Zubereitung:

---

1 Sushi Reis zubereiten und würzen. Zitrone auspressen. Avocado halbieren, Stein entfernen und Fruchtfleisch mit einem Esslöffel vorsichtig aus der Schale lösen.

2 Gurke schälen, halbieren und entkernen. Gurke, Avocado und Tofu in fünf Zentimeter lange Streifen schneiden.

3 Avocadostreifen mit Zitronensaft übergießen. Tofustreifen in einem EL Sojasoße einlegen.

4 Noriblätter in zwei Hälften schneiden und Reisessig mit Wasser anrühren. Einen Löffel in die Flüssigkeit tauchen und damit jeweils die Hälfte des Noriblattes mit Reis belegen. Reis mit einer dünnen Schicht Mayonnaise bestreichen.

5 Gurke, Avocado und Tofu schräg auf den Reis betten und das Temaki zu einer Tüte rollen, wobei der Nori außen befeuchtet wird.

Veganes Temaki

Dauer: 2 Stunden |
Menge: 4 Portionen = 12 Stück

Zutaten:

½ Bio-Zitrone
2 TL Wasabi
1 EL Palmöl | Salz
200 g Tofu
200 g Sushi Reis
1 EL Reisessig
2 EL Sesamsamen
1 Paprika | 100 g Rettich
6 Noriblätter
rote Rettichsprossen
12 Garischeiben

Zubereitung:

1 Sushi Reis nach Anleitung in der Einleitung zubereiten. Zitrone mit heißem Wasser waschen, Schale abreiben und den Saft auspressen. Schalenabrieb mit 2 EL Zitronensaft, Wasabi, Palmöl und Salz zu einer Marinade verrühren.

2 Tofu in zwölf Streifen schneiden und für zwei Stunden marinieren. Essig mit 2 EL Wasser verdünnen. Sesam ohne Fett bei geringer Hitze rösten. Gari abtropfen lassen. Paprika waschen, halbieren, entkernen. Rettich putzen und schälen. Paprika und Rettich in Streifen schneiden. Noriblätter in die Hälfte schneiden. Sprossen waschen. Hände im Essigwasser befeuchten und die linke Seite aller halbierten Noriblätter mit Reis belegen. Sesam darauf streuen. Anschließend mit Gari, Tofu, Rettich und Paprika belegen. Die freie Seite des Noriblattes mit wenig Essigwasser bestreichen und zu einer Tüte einrollen. Temaki mit den roten Sprossen garnieren.

Temaki mit Kürbis und Avocado

Dauer: 3 Stunden |
Menge: 10 Stück

Zutaten:

---

250 g Sushi Reis
200 g Muskatkürbis
1 TL Salz
100 ml Essig
½ Limette
1 Avocado
50 g Mayonnaise
5 Noriblätter

Zubereitung:

---

1 Sushi Reis zubereiten. Kürbis schälen, entkernen, in Scheiben und anschließend in Streifen schneiden. Salzen und für eine halbe Stunde ziehen lassen. Anschließend für zwei Stunden in Essig einlegen.

2 Limette auspressen. Avocado schälen, halbieren, entsteinen und das Fruchtfleisch in Streifen schneiden. Diese mit Limettensaft beträufeln.

3 Mayonnaise mit dem restlichen Limettensaft verrühren. Noriblätter in die Hälfte schneiden.

4 Reis zu zehn gleich großen Bällen formen und auf jedes halbe Noriblatt einen Reisball legen. Diese sollte sich in der Mitte der linken Hälfte befinden.

5 Mayonnaise auf die Noriblätter verteilen und etwas verstreichen. Anschließend diagonal mit Kürbis- und Avocadostreifen belegen.

6 Temaki einrollen und den Rand befeuchten, damit er besser zusammenhält.

Temaki mit selbst gemachter 7-Gewürze-Mischung

Dauer: 90 Minuten |
Menge: 10 Stück

Zutaten:

250 g Sushi Reis
75 g Enoki Pilze
1 EL Kokosöl
1 TL Sojasoße
½ Limette
1 EL Sesam
1 EL Pfeffer
1 EL getrocknete Kombu Alge
1 EL getrocknete Mandarinen- oder Orangenschalen
1 EL Chiliflocken
1 EL Mohn
1 EL getrocknete Tamarinde
50 g Mayonnaise
1 Bund Rucola
5 Noriblätter

Zubereitung:

1 Sushi Reis zubereiten. Enoki Pilze waschen, putzen und das Kokosöl in einer Pfanne erwärmen. Die Pilze scharf anbraten. Mit Sojasoße ablöschen und in eine Schüssel umfüllen.

2 Limette auspressen. Sesam, Pfeffer, Kombu, Orangenschalen, Chiliflocken, Mohn und Tamarinde gemeinsam mörsern und in ein Glas abfüllen. Zwei TL von dem Gewürz mit dem Limettensaft und der Mayonnaise verrühren. Rucola waschen.

3 Hände anfeuchten und den Reis zu zehn kleinen Bällen formen. Noriblätter halbieren und die Reisbälle jeweils auf die linke Seite des Seetangs legen. Eine erbsengroße Menge der Würz-Mayonnaise beifügen, Füllung diagonal arrangieren und zu einer Tüte einrollen.

Klassiker

Thunfisch-Spargel Maki

Dauer: 70 Minuten |
Menge: 4 Portionen |
2 Rollen = 12 Stück

Zutaten:

Salz
150 g grüner Spargel
1 Paprika
150 g Thunfischfilet
100 g Zanderfilet
2 Noriblätter
300 g vorbereiteter Sushi Reis
Wasabi

Zubereitung:

1 Salzwasser aufkochen. Unterdessen Spargel und Paprika waschen, putzen und halbieren.

2 Kocht das Wasser, Spargel fünf Minuten lang darin garen. Paprika entkernen und in Streifen schneiden.

3 Thunfisch und Zander in Streifen schneiden. Ein Noriblatt auflegen und zur Hälfte mit gekochtem Sushi Reis belegen. An den Seitenrändern wird Platz frei gelassen.

4 Eine hauchdünne Schicht Wasabi auf den Reis streichen. Die Hälfte der Füllung mittig am Reis auflegen, festhalten und einrollen. Mit dem zweiten Noriblatt ebenso verfahren. Jede Rolle in sechs Stücke schneiden.

Maki Variationen

Dauer: 60 Minuten |
Menge: 4 Portionen |
10 Rollen = 60 Stück

Zutaten:

200 g Reis
1 Avocado
½ Gurke
½ Paprika
2 Lachsfilets
5 Noriblätter

Zubereitung:

1 Reis zubereiten und abkühlen lassen. Avocado schälen, entsteinen und in Streifen schneiden. Gurke schälen. Gurke und Paprika entkernen und ebenfalls in dünne Streifen schneiden. Lachsfilets genauso schneiden.

2 Noriblätter halbieren und mit Reis belegen, wobei an den langen Seiten ein Rand von einem Zentimeter gelassen wird.

3 Aus den vorbereiteten Zutaten wird eine Füllung gelegt. Pro Rolle kommen zwei unterschiedliche oder zwei Streifen der gleichen Zutat in die Füllung. Dazu werden die Zutaten in beliebiger Variation kombiniert.

4 Zum Einrollen das äußere Ende des Noriblattes befeuchten und eine Bambusmatte verwenden. Jede Rolle in sechs Stücke schneiden.

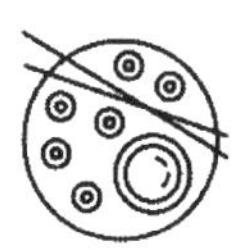

Avocado Nigiri

Dauer: 55 Minuten |

Menge: 4 Portionen = 12 Stück

Zutaten:

150 g Sushi Reis
5 cm Kombu
1 Avocado
Wasabi
1 Noriblatt

Zubereitung:

1 Sushi Reis waschen, kochen und quellen lassen. Dabei den Kombu mitkochen. Wie in der Einleitung beschrieben, würzen und den Seetang entfernen, sobald der Reis in einer Holzschüssel abkühlt.

2 Avocado halbieren, entsteinen und mit einem Löffel das Fruchtfleisch vorsichtig von der Schale lösen.

3 Das Fruchtfleisch in zwölf Spalten schneiden. Den Reis mit nassen Händen zu 12 Rollen von vergleichbarer Größe formen und jede Rolle hauchdünn mit Wasabi bestreichen.

4 Noriblatt in Streifen von einem Zentimeter Breite schneiden. Reisrollen mit Avocadospalten belegen und den Streifen aus Nori als Fixierung rundherum wickeln. Das Ende des Streifens befeuchten und etwas andrücken, damit er zusammenhält.

Maki mit Ei

Dauer: 65 Minuten |

Menge: 8 Portionen |

12 Rollen = 72 Stück

Zutaten:

450 g Sushi Reis
300 g Thunfischfilet
2 Gurken
2 Avocados
5 Eier
1 TL Salz
1 TL Reiswein
Butterschmalz
6 Noriblätter

Zubereitung:

1 Sushi Reis zubereiten. Während der Wartezeiten Thunfisch waschen. Gurken waschen, längs halbieren und entkernen.

2 Avocados halbieren, entsteinen und das Fruchtfleisch mit einem Esslöffel vorsichtig von der Schale lösen.

3 Thunfisch, Gurken und Avocados in Stifte schneiden. Eier mit Salz und Reiswein verquirlen.

4 Butterschmalz erwärmen und Eiermasse darin anbraten. Omelett in fingerdicke Stifte schneiden.

5 Noriblätter in die Hälfte teilen und mit jeweils 3 EL Sushi Reis belegen. Einen Omelett Streifen und einen Streifen aus Gurke, Avocado oder Thunfisch darauflegen und Maki fest einrollen. Jede Rolle in sechs Stücke schneiden.

Veganes Paprika-Maki mit selbst gemachter Chilisoße

Dauer: 20 Minuten + 15 Minuten + 60 Minuten |
Menge: 2 Portionen = 2 Rollen = 16 Stück

Zutaten:

Salz
500 g Chilis
500 ml Essig
150 g Sushi Reis
Kombu
150 g Räuchertofu
1 Paprika
4 Noriblätter
2 EL Sesam

Zubereitung:

---

1 Chilis klein schneiden und gemeinsam mit Essig in einem Topf erhitzen. 2 TL Salz beifügen, umrühren und für fünf Minuten kochen lassen. Anschließend abkühlen lassen, in Gläser füllen und für zwei Wochen in den Kühlschrank stellen.

2 Nach Ablauf der zwei Wochen durch ein Sieb passieren und eventuell weiteren Essig beifügen. Danach wieder in Gläser abfüllen

3 Reis spülen und mit der Kombu Alge aufkochen. Kurz bevor das Wasser kocht, die Alge herausnehmen. 10 Minuten auf kleiner Flamme köcheln lassen und anschließend von der Platte ziehen und 10 Minuten aufquellen lassen. Laut Anleitung in der Einleitung würzen.

4 Zwei TL der selbst gemachten Chilisoße mit einer Prise Salz und zwei EL Wasser verrühren. Tofu in Streifen schneiden und in der verdünnten Chilisoße einlegen. Paprika waschen, halbieren, entkernen und in Streifen schneiden.

5 Noriblätter jeweils mit der halben Portion Reis belegen, wobei ein Streifen an der oberen Kante frei bleibt. In der Mitte der Reisschicht eine Rille eindrücken, wo Paprika und Tofu hineingelegt werden. Einrollen und jede Rolle in acht Stücke schneiden. Sesam behutsam und ohne Fett anrösten und das Sushi damit garnieren.

Grünes Maki

Dauer: 60 Minuten |
Menge: 2 Portionen

Zutaten:

150 g Sushi Reis
½ Zitrone
Salz
1 Avocado
½ Gurke
2 Noriblätter
Kresse
1 TL Reisessig

Zubereitung:

1 Reis zubereiten. Zitrone auspressen und den Saft mit einem EL Wasser und einer Prise Salz vermischen. Avocado halbieren, entsteinen, das Fruchtfleisch aus der Schale lösen und in Streifen schneiden. Avocadospalten mit der Zitronenlösung beträufeln.

2 Gurke waschen, halbieren, entkernen und in Streifen schneiden. Noriblätter jeweils mit der Hälfte des Reises belegen, wobei an der Oberkante ein zwei Zentimeter breiter Rand freigelassen wird.

3 In der Mitte des Belages eine Rille eindrücken, in welche Gurken- sowie Avocadostreifen gelegt werden.

4 Kresse waschen. Essig mit einem EL Wasser verrühren. Maki fest einrollen und den freien Rand mit der Essiglösung bestreichen.

5 Jede Rolle mit einem scharfen und in Essigwasser befeuchteten Messer in acht Stücke schneiden und mit Kresse garnieren.

Maki mit Zucchini

Dauer: 90 Minuten |
Menge: 4 Portionen = 4 Rollen = 24 Stück

Zutaten:

400 g Sushi Reis
1 Zucchini
1 EL Reisessig
2 EL Sojasoße
1 Stück Ingwer
2 Avocado
1 TL Wasabi
4 Noriblätter

Zubereitung:

1 Sushi Reis nach Anleitung zubereiten. Zucchini waschen, längs halbieren, entkernen und in Streifen schneiden.

2 Reisessig mit einem EL Sojasoße vermischen und Zucchinistreifen darin einlegen.

3 Ingwer schälen und in Würfel schneiden. Avocados schälen, in die Hälfte schneiden, entsteinen und das Fruchtfleisch aus der Schale lösen. Ingwer, eine Avocado mit restlicher Sojasoße und Wasabi zu einem Dip pürieren.

4 Die zweite Avocado in Streifen schneiden.

5 Noriblätter mit Sushi Reis belegen und in der Mitte die Füllung aus Avocado und Zucchini platzieren. Maki einrollen und jede Rolle in sechs Teile schneiden.

6 Mit dem Avocado-Ingwer-Dip servieren.

Extravagante Kreationen

Sushi mit Weißwein-Dip

Dauer: 85 Minuten |
Menge: 4 Portionen = 8 Rollen

Zutaten:

450 g Sushi Reis
3 EL Reisessig
Salz
1 TL Zucker
3 EL Sherry
50 ml Sojasoße
1 Gurke
4 EL süßer Weißwein
4 Noriblätter
150 g Lachsfilet
1 EL Wasabi
50 g Kaviar vom Lachs

Zubereitung:

1 Sushi Reis zubereiten. Reisessig, Salz und Zucker erwärmen und den Sherry beifügen, sobald sich der Zucker gelöst hat. Den Reis damit würzen.

2 Sojasoße in kleinem Gefäß auf niedriger Hitze langsam erwärmen. Gurke schälen, der Länge nach aufschneiden und entkernen. Anschließend in lange Streifen schneiden.

3 Ist die Hälfte der Sojasoße verdampft, mit Weißwein mischen und auskühlen lassen. Noriblätter halbieren und mit Sushi Reis belegen. Dabei einen Rand von einem Zentimeter lassen.

4 Lachsfilet in Streifen schneiden. Sushi Reis mit Wasabi verfeinern und mit Gurke, Lachs und Kaviar belegen. Maki fest einrollen und mit Dip servieren.

Radieschen Sushi

Dauer: 40 Minuten |
Menge: 2 Portionen |
2 Rollen = 12 Stück

Zutaten:

---

30 g Sushi Reis
50 g Meerrettich
50 ml Sahne
3 EL Essig
½ TL Salz
1 Noriblatt
100 g Räucherlachs
2 Radieschen

Zubereitung:

---

1 Sushi Reis zubereiten, würzen und abkühlen lassen.

2 Meerrettich reiben und mit Sahne, Essig und Salz in einer Schale durchmischen und pürieren.

3 Noriblatt halbieren und zur Hälfte mit Reis belegen. Einen TL von dem Sahne-Meerrettich auf den Sushi Reis legen.

4 Räucherlachs in Streifen schneiden. Radieschen waschen und in Stifte schneiden.

5 Die Hälfte von Lachs und Radieschen mittig auf den Reis in einem langen Streifen auflegen.

6 Die leere Hälfte der Alge anfeuchten und Maki fest einrollen, wobei die angefeuchtete Alge den äußeren Rand bildet.

7 Mit der zweiten Hälfte des Noriblattes ebenso verfahren. Mit den restlichen Zutaten belegen und einrollen. Jede Rolle in sechs gleich große Stücke schneiden.

Avocado-Möhren Ura-Maki mit Roastbeef

Dauer: 35 Minuten |
Menge: 1 Portion |
1 Rolle = 8 Stück

Zutaten:

---

70 g Sushi Reis
20 g Möhren
1 Chili
½ Avocado
2 EL Teriyaki Soße
2 EL Mayonnaise
1 Noriblatt
Kresse
100 g Roastbeef

Zubereitung:

---

1 Sushi Reis zubereiten.

2 Möhre waschen, schälen und in Streifen schneiden.

3 Chili waschen, entkernen und klein schneiden. Avocado schälen, entsteinen und in Streifen schneiden.

4 Teriyakisoße mit Mayonnaise verrühren. Kresse waschen.

5 Nori gänzlich mit Reis belegen. Das Blatt anschließend wenden und am unteren Rand mit Möhre und Avocado belegen. Einrollen und auf das Roastbeef legen. Erneut einrollen und in acht Stücke schneiden.

6 Mit Kresse und Chili garnieren und mit Teriyaki-Mayonnaise-Soße servieren.

Garnelen Ura-Maki mit Rucola

Dauer: 35 Minuten |

Menge: 1 Portion

Zutaten:

70 g Sushi Reis
30 g Gurke
10 g Rucola
8 Garnelen
2 EL Butterschmalz
1 Knoblauchzehe
1 Thymianzweig
Salz
1 Noriblatt

Zubereitung:

1 Sushi Reis zubereiten. Gurke waschen, längs halbieren, entkernen und in Streifen schneiden.

2 Rucola waschen. Garnelen waschen. Butterschmalz erhitzen.

3 Knoblauch schälen und über der Pfanne ausdrücken. Garnelen und Thymianzweig beifügen. Anbraten und salzen.

4 Noriblatt mit Reis belegen. Dabei keinen Rand lassen. Das Blatt wenden und am unteren Rand Gurke, Garnelen und Rucola nebeneinander auflegen, sodass ein Wulst entsteht. Die Füllung festhalten und einrollen.

Mango Nigiri

Dauer: 30 Minuten |
Menge: 15 Stück

Zutaten:

450 g Sushi Reis
1 Mango
Wasabi
1 Noriblatt

Zubereitung:

1. Sushi Reis zubereiten. Mango schälen und entsteinen. Fruchtfleisch in 15 gleich große, längliche Stücke schneiden.
2. Jedes Mangostück auf der einen Seite mit Wasabi verfeinern. Sushi Reis in 15 Portionen teilen und zu kleinen Rollen formen.
3. Mangostücke mit der Wasabiseite auf die Reisrollen legen und andrücken.
4. Noriblatt in 15 Streifen schneiden. Jedes Paket mit einem Streifen umwickeln, wobei das äußere Ende der Alge angefeuchtet wird und dadurch zusammenhält.

Hirse-Sushi

Dauer: 90 Minuten |
Menge: 4 Portionen = 4 Rollen = 24 Stück

Zutaten:

120 g Hirse
Salz und Pfeffer
1 EL Reisessig
1 TL Agavendicksaft
½ Avocado
½ Zitrone
50 g Gurke
4 Korianderzweige
2 Noriblätter
Wasabipulver
Sprossen nach Wahl

Zubereitung:

1. Hirse heiß spülen und in einem viertel Liter Wasser aufkochen. Dem Kochwasser eine Prise Salz beifügen und die Hirse fünf Minuten lang kochen.

2. Zitrone auspressen. Avocado halbieren, entsteinen, das Fruchtfleisch vorsichtig aus der Schale lösen und in Streifen schneiden. Diese sofort mit Zitronensaft beträufeln. Nach der Kochzeit die Hirse vom Herd nehmen und 20 Minuten quellen lassen. Gurke waschen, längs halbieren, entkernen und in Stifte schneiden. Koriander waschen, Blätter abzupfen und hacken.

3. Noriblätter halbieren. Reisessig und Agavendicksaft verrühren. Das überschüssige Kochwasser abgießen und die Hirse auskühlen lassen. Dabei, genauso wie beim Sushi Reis, großflächig auflegen und mit einem Fächer herunter kühlen. Anschließend die süßsaure Würzlösung unterrühren und salzen.

4 Noriblätter mit Hirse belegen., wobei an der oberen Kante ein Zentimeter frei gelassen wird. Wasabipulver auf dieser Schicht verteilen. Gurke und Avocado als Füllung verteilen. Mit Koriander und Pfeffer würzen. Hirse Maki einrollen und jede der vier Rollen in sechs Stücke schneiden. Diese mit Sprossen garnieren.

Freestyle Ideen

Rächerkarpfen-Gunkan

Dauer: 30 Minute |
Menge: 20 Stück

Zutaten:

400 g Sushi Reis
50 g Rote Bete
2 Gewürzgurken
250 g Räucherkarpfen
6 cm Meerrettich
2 EL Mayonnaise
3 EL Crème fraiche
2 Noriblätter
Essig
Kresse

Zubereitung:

1. Sushi Reis zubereiten. Rote Bete schälen, raspeln und unter den Reis mischen. Gewürzgurken und Räucherkarpfen würfeln.
2. Meerrettich schälen, raspeln und mit Mayonnaise und Crème fraiche verrühren und Gewürzgurke sowie Räucherkarpfen untermischen.
3. Noriblätter in insgesamt 20 Streifen schneiden. Essig mit Wasser verdünnen, Hände damit befeuchten und aus dem Reis zwanzig Bälle formen. Diese mit Noristreifen umwickeln und flach drücken.
4. Gunkan-Maki mit Creme befüllen und mit Kresse garnieren. Restlichen Meerrettich raspeln und darüber streuen.

Temari mit Räucherlachs

Dauer: 30 Minuten |
Menge: 12 Stück

Zutaten:

300 g Sushi Reis
150 g Gurke
Kresse
150 g Räucherlachs
Essigwasser

Zubereitung:

1. Sushi Reis zubereiten. Gurke schälen, längs halbieren, mit einem kleinen Löffel entkernen und in Würfel schneiden.
2. Kresse waschen. Räucherlachs in 1x1 cm große Quadrate schneiden. Sushi Reis mit Gurke und Räucherlachs zu einer Masse verrühren.
3. Hände in Essigwasser tränken und die Reismasse zu zwölf Bällen formen. Diese einzeln in Frischhaltefolie einwickeln und wie ein Bonbon fest eindrehen. Anschließend auf einer Seite aufschneiden und anrichten. Temari mit Kresse garnieren.

Hähnchen-Oshi

Dauer: 60 Minuten |
Menge: 14 Stück

Zutaten:

400 g Sushi Reis
300 g Hähnchenbrust
½ Limette
8 EL Reiswein
4 EL Miso Paste
3 EL Sojasoße
3 EL Kokosöl
2 Salzpflaumen
150 g Mango
1 Bund Dille

Zubereitung:

1. Sushi Reis zubereiten. Hähnchen in Streifen schneiden. Limette auspressen. Reiswein erwärmen und Miso Paste, Limettensaft, Sojasoße und Kokosöl unterrühren. Hähnchen für 20 Minuten marinieren.
2. Salzpflaumen und Mango halbieren, entsteinen, klein schneiden und vermischen. Dille waschen und hacken. Hähnchen beidseitig anbraten.
3. Oshi-Form waschen und bespannen. 100 g Sushi Reis in die Form füllen. Die nächste Schicht besteht aus der Hälfte des Obstes. Anschließend folgen weitere 100 g Sushi Reis und die Hälfte des Hähnchens. Oshi andrücken und in Stücke schneiden.
4. Die zweite Portion Oshi ebenso schichten, andrücken und klein schneiden.

Beilagen

Hühnersuppe mit Zitronengras

Dauer: 2 Minuten + 30 Minuten |
Menge: 3 Portionen

Zutaten:

200 g Hühnerteile mit Knochen
20 g Ingwer
50 g Zitronengras
2 EL Butterschmalz
2 Kaffirblätter
80 g Pak Choi
2 Prisen Salz
Sesam

Zubereitung:

1. Hühnerteile in einem Liter Wasser aufstellen und einige Stunden zugedeckt köcheln lassen.
2. Am nächsten Tag Ingwer schälen und hacken. Zitronengras mit der Rückseite eines Messers klopfen und halbieren.
3. Hühnerbrühe sieben. Butterschmalz erwärmen und Ingwer und Zitronengras darin anschwitzen.
4. Mit 700 ml Hühnerbrühe ablöschen. Kaffirblätter waschen, hinzufügen und die Suppe zudecken.
5. Pak Choi waschen und zupfen. Hühnerfleisch von den Knochen lösen und klein schneiden.

6 Zitronengras und Kaffirblätter aus der Suppe nehmen. Pak Choi und Hühnerfleisch beifügen.

7 Sesam ohne Fett vorsichtig in einer beschichteten Pfanne anrösten und die Suppe damit garnieren.

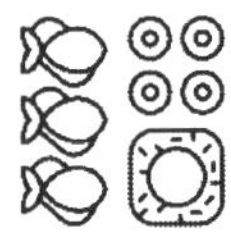

Hühnersuppe mit Kokos

Dauer: 2 Minuten + 35 Minuten |
Menge: 4 Portionen

Zutaten:

200 g Hühnerteile mit Knochen
4 Zwiebel
2 EL Butterschmalz
2 EL Currypaste
80 g Shiitake Pilze
400 ml Kokosmilch
1 Zitrone
Koriander

Zubereitung:

1 Hühnerteile in einem Liter Wasser aufstellen und einige Stunden zugedeckt köcheln lassen.

2 Am nächsten Tag Zwiebeln schälen und hacken. Hühnerbrühe sieben.

3 Butterschmalz erwärmen und Zwiebeln andünsten. Currypaste beifügen.

4 Mit 700 ml Hühnerbrühe ablöschen und zugedeckt köcheln lassen. Shiitake Pilze waschen und in dünne Scheiben schneiden.

5 Hühnerfleisch von den Knochen lösen und klein schneiden.

6 Kokosmilch hinzufügen und salzen. Zitrone auspressen und Saft beifügen.

7 Shiitake Pilze und Hühnerfleisch hinzufügen. Koriander waschen, Blätter abzupfen und die Suppe damit garnieren.

Japanische Suppe mit Lende

Dauer: 3 Stunden |
Menge: 2 Portionen

Zutaten:

---

3 Frühlingszwiebeln
4 Möhren
Salz und Pfeffer
8 cm Ingwer
Butterschmalz
500 g Schweinelende
100 ml Sojasoße
100 ml Reiswein
100 g Sojasprossen

Zubereitung:

---

1 Eine Frühlingszwiebel waschen und in Ringe schneide und Möhren schälen. Frühlingszwiebel, Möhren, Salz und 5 cm Ingwer in einem Topf mit Wasser bedecken und aufkochen.

2 Eine zweite Frühlingszwiebel waschen und in Ringe schneiden. Butterschmalz erwärmen und Schweinelende darin anbraten. Mit Sojasoße und Reiswein aufgießen und Frühlingszwiebel sowie restlichen Ingwer beifügen. Soviel Wasser hinzufügen, dass die Lende bedeckt ist. Aufkochen und für vierzig Minuten köcheln lassen. Nach Ablauf der Garzeit Lende herausnehmen, in Streifen schneiden und pfeffern. Möhren zerkleinern.

3 Wasser aufkochen. Lendensud in die Brühe gießen. Sojasprossen mit kochendem Wasser übergießen und abtropfen lassen. Ingwer herausnehmen.

4 Letzte Frühlingszwiebel waschen und in Ringe schneiden. In zwei Tellern jeweils drei Streifen Schweinelende, Frühlingszwiebeln und eine Handvoll Sojasprossen anrichten und mit Brühe aufgießen.

Ramen aus Hühnerbrühe

Dauer: 3 Stunden |
Menge: 2 Portionen

Zutaten:

1 Lauch
4 Knoblauchzehen
1 Hähnchen
Salz und Pfeffer
3 Eier
500 g Ramennudeln
1 Noriblatt

Zubereitung:

1 Lauch waschen und in Ringe schneiden. Knoblauch schälen. Hähnchen mit Lauch, Knoblauch und Salz in einem Topf mit Wasser bedecken und aufkochen.

2 Eier sieben Minuten hart kochen, abschrecken und schälen. Anschließend 10 Minuten in der Suppe mitgaren, herausnehmen und halbieren.

3 Nudeln nach Anleitung auf der Packung zubereiten. Noriblatt in Streifen schneiden.

4 Hähnchen aus der Suppe nehmen. Das Fleisch von den Knochen lösen, klein schneiden und erneut der Brühe beifügen. Mit Salz und Pfeffer abschmecken.

5 In zwei Tellern jeweils Nudeln, Noristreifen und drei halbe Eier anrichten und mit Hühnerbrühe aufgießen.

Vegane Miso Ramen

Dauer: 15 Minuten |
Menge: 2 Portionen

Zutaten:

4 Shiitake Pilze
2 Frühlingszwiebeln
100 g Tofu
¼ Noriblatt
2 Knoblauchzehen
1 EL Palmöl
2 TL Misopaste
½ TL Chiliflocken
600 ml Gemüsebrühe
100 g Ramennudeln
50 g Sojasprossen

Zubereitung:

1 Shiitake Pilze in Scheiben schneiden. Getrocknete Pilze müssen zuerst eingeweicht werden.

2 Frühlingszwiebeln waschen und in Ringe, Tofu in Würfel und Norialge in Streifen zerkleinern.

3 Knoblauch schälen, hacken. Palmöl erwärmen und Knoblauch darin anschwitzen. Misopaste und Chiliflocken beifügen, umrühren und mit Gemüsebrühe ablöschen.

4 Ramennudeln nach Packungsanweisung zubereiten. Sojasprossen waschen und abtropfen lassen.

5 Nudeln in zwei Suppenteller verteilen. Pilze, Frühlingszwiebeln, Sojasprossen, Tofu und Noriblätter anrichten und mit Miso Brühe aufgießen.

Reissalat

Dauer: 60 Minuten |
Menge: 4 Portionen

Zutaten:

200 g Sushi Reis
2 TL Kokosöl
250 g Garnelen
1 Prise Salz
2 Gurken
6 Seetangblätter
4 Limetten
1 TL Wasabi
2 EL Sojasoße

Zubereitung:

1. Sushi Reis wie in der Einleitung beschrieben zubereiten und würzen. Kokosöl erhitzen und Garnelen darin anbraten. Salzen.
2. Gurken waschen, längs halbieren, entkernen und in Würfel schneiden. Seetang und Garnelen zerkleinern.
3. Reis, Garnelen, Gurke und Seetang in einer Salatschüssel miteinander verrühren.
4. Eine Limette nach der anderen auspressen. Den Saft mit Wasabi und Sojasoße zu einer Marinade mischen.
5. Salat marinieren und vor dem Servieren eine viertel Stunde ziehen lassen.

Spinatsalat

Dauer: 10 Minuten |
Menge: 2 Portionen

Zutaten:

250 g Blattspinat
1 EL Sesam
1 EL Sesampaste
2 EL Sojasoße
1 TL Zucker
1 TL Reiswein
Salz

Zubereitung:

1 Salzwasser aufkochen.

2 Sesam ohne Fett langsam und vorsichtig anrösten. Sesampaste mit Sojasoße, Zucker und Reiswein zu einer Marinade verrühren.

3 Spinat in kochendem Salzwasser blanchieren, abtropfen lassen, vorsichtig ausdrücken, um überschüssiges Wasser zu entfernen.

4 Spinat marinieren und mit geröstetem Sesam garnieren.

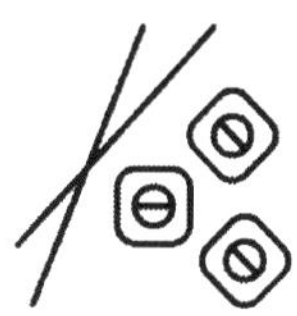

Frühlingsrollen

Dauer: 45 Minuten |
Menge: 10 Stück

Zutaten:

60 g Glasnudeln
150 g Möhren
1 Bund Schnittlauch
5 Salatblätter
1 Bund Koriander
Kokosöl
10 Reispapierblätter

Zubereitung:

1 Wasser aufkochen und Glasnudeln in einer Schüssel bereitlegen. Sobald das Wasser kocht, dieses über die Glasnudeln gießen und vier Minuten ziehen lassen.

2 Möhren schälen und reiben. Glasnudeln abseihen. Schnittlauch und Salatblätter waschen und Schnittlauch schneiden.

3 Glasnudeln ebenfalls klein schneiden. Koriander waschen und Blätter abzupfen.

4 Kokosöl im Wok erhitzen und Möhren darin anbraten. Anschließend mit Glasnudeln, Schnittlauch und Koriander mischen.

5 Reispapierblätter für ein bis zwei Minuten in lauwarmen Wasser einweichen. Anschließend kommt auf jedes Blatt ein gehäufter Esslöffel der Füllung.

6 Salatblätter halbieren. Reispapier von unten nach oben einklappen und je ein halbes Salatblatt der Rundung entsprechend in die entstandene Lasche einstecken. Die Ränder einklappen und einrollen.

Frühlingsrollen mit Tofufüllung

Dauer: 45 Minuten |
Menge: 10 Stück

Zutaten:

150 g Tofu
2 EL Sojasoße
5 Salatblätter
100 g Mungbohnensprossen
1 Bio Limette
1 Avocado
10 Reispapierblätter

Zubereitung:

1 Tofu in Streifen schneiden und in der Sojasoße einlegen. Salatblätter waschen und halbieren.

2 Sprossen und Limette heiß abbrausen und abtropfen lassen. Schale der Limette abreiben und den Saft auspressen.

3 Avocado halbieren, entsteinen und das Fruchtfleisch aus der Schale lösen. In Streifen schneiden und mit Limettensaft beträufeln.

4 Möhren in erwärmtem Kokosöl anschwitzen und anschließend mit Tofu, Mungbohnensprossen und Avocadostreifen verrühren.

5 Die Reispapierblätter für eine bis zwei Minuten in lauwarmen Wasser einweichen, herausnehmen und jeweils einen gehäuften Esslöffel von der Füllung mittig auf jedem Blatt platzieren.

6 Reispapier von unten nach oben über die Füllung klappen und pro Frühlingsrolle ein Salatblatt in die Lasche stecken. Die seitlichen Ränder einklappen und Reispapier mit Salat gemeinsam um die Füllung wickeln.

Haftungsausschluss

Dieses Buch enthält Meinungen und Ideen der Autorin und beabsichtigt den Lesern informatives und hilfreiches Wissen mit einem Unterhaltungscharakter zu vermitteln. Die enthaltenen Anleitungen und Strategien passen möglicherweise nicht zu jedem Leser, und es gibt keine Garantie dafür, dass sie auch wirklich bei jedem funktionieren. Die Benutzung dieses Buchs und die Umsetzung der darin ausgearbeiteten Informationen / Rezepte erfolgt ausdrücklich in eigener Verantwortung und Risiko. Das Werk, inklusive aller Inhalte, gewährt keine Gewähr oder Garantie für Korrektheit, Vollständigkeit, Qualität oder Aktualität der zur Verfügung gestellten Informationen. Fehlinformationen und Druckfehler sind nicht vollständig auszuschließen.

Impressum

Akaya Kaddyatou

c/o Bianca Kronsteiner

impressumservice.net

Robert-Preußler-Straße 13 / TOP 1

5020 Salzburg

AT – Österreich

dibookspace@gmail.com

Cover: Oliviaprodesign Fiverr

Cover: Depositphotos | leszekczerwonka

Icons: thenounproject

32894949R00061

Printed in Poland
by Amazon Fulfillment
Poland Sp. z o.o., Wrocław